Guillaume **APOLLINAIRE**

# LE BESTIAIRE

## ou

## CORTÈGE D'ORPHÉE

*Illustré*

**par**

**RAOUL DUFY**

Éditions de **LA SIRÈNE**

12, Rue La Boétie

PARIS

MDCCCXIX

# LE BESTIAIRE

## OU

## CORTÈGE D'ORPHÉE.

# Guillaume APOLLINAIRE

# LE BESTIAIRE

## ou
## CORTÈGE D'ORPHÉE

*Illustré*

par

## RAOUL DUFY

Éditions de **LA SIRÈNE**

12, Rue La Boétie

PARIS

MDCCCCXIX

La rareté de l'édition originale du Bestiaire motive cette reproduction réduite.

La mort soudaine de Guillaume Apollinaire l'a empêché de présenter lui-même ce nouveau livre au public. Je le fais à sa place et j'en profite pour adresser à sa mémoire le souvenir ému de mon amitié et de mon admiration.

R. D.

B

Orphée.

ADMIREZ le pouvoir insigne
Et la noblesse de la ligne :
Elle est la voix que la lumière fit entendre
Et dont parle Hermès Trismégiste en son Pimandre.

# LA TORTUE.

Du Thrace magique, ô délire !
Mes doigts sûrs font sonner la lyre.
Les animaux passent aux sons
De ma tortue, de mes chansons.

# Le Cheval.

Mes durs rêves formels sauront te chevaucher,
Mon destin au char d'or sera ton beau cocher
Qui pour rênes tiendra tendus à frénésie,
Mes vers, les parangons de toute poésie.

# La Chèvre du Thibet.

Les poils de cette chèvre et même
Ceux d'or pour qui prit tant de peine
Jason, ne valent rien au prix
Des cheveux dont je suis épris.

# Le Serpent.

Tu t'acharnes sur la beauté.
Et quelles femmes ont été
Victimes de ta cruauté !
Ève, Eurydice, Cléopâtre ;
J'en connais encor trois ou quatre.

# Le Chat.

Je souhaite dans ma maison :
Une femme ayant sa raison,
Un chat passant parmi les livres,
Des amis en toute saison
Sans lesquels je ne peux pas vivre.

# Le Lion.

O lion, malheureuse image
Des rois chus lamentablement,
Tu ne nais maintenant qu'en cage
A Hambourg, chez les Allemands.

# Le Lièvre.

Ne sois pas lascif et peureux
Comme le lièvre et l'amoureux.
Mais, que toujours ton cerveau soit
La hase pleine qui conçoit.

D

# Le Lapin.

Je connais un autre connin
Que tout vivant je voudrais prendre.
Sa garenne est parmi le thym
Des vallons du pays de Tendre.

# Le Dromadaire.

Avec ses quatre dromadaires
Don Pedro d'Alfaroubeira
Courut le monde et l'admira.
Il fit ce que je voudrais faire
Si j'avais quatre dromadaires.

# LA SOURIS.

Belles journées, souris du temps,
Vous rongez peu à peu ma vie.
Dieu ! je vais avoir vingt-huit ans,
Et mal vécus, à mon envie.

# L'ÉLÉPHANT.

Comme un éléphant son ivoire,
J'ai en bouche un bien précieux.
Pourpre mort!.. J'achète ma gloire
Au prix des mots mélodieux.

ORPHÉE.

EGARDEZ cette troupe infecte
Aux mille pattes. aux cent yeux :
Rotifères, cirons, insectes
Et microbes plus merveilleux
Que les sept merveilles du monde
Et le palais de Rosemonde !

# La Chenille.

Le travail mène à la richesse.
Pauvres poètes, travaillons !
La chenille en peinant sans cesse
Devient le riche papillon.

# LA MOUCHE.

Nos mouches savent des chansons
Que leur apprirent en Norvège
Les mouches ganiques qui sont
Les divinités de la neige.

# La Puce.

Puces, amis, amantes même,
Qu'ils sont cruels ceux qui nous aiment !
Tout notre sang coule pour eux.
Les bien-aimés sont malheureux.

# La Sauterelle.

Voici la fine sauterelle,
La nourriture de saint Jean.
Puissent mes vers être comme elle,
Le régal des meilleures gens.

ORPHÉE.

QUE ton cœur soit l'appât et le ciel, la piscine !
Car, pêcheur, quel poisson d'eau douce ou bien marine
Égale-t-il, et par la forme et la saveur,
Ce beau poisson divin qu'est JÉSUS, Mon Sauveur ?

# LE DAUPHIN.

Dauphins, vous jouez dans la mer,
Mais le flot est toujours amer.
Parfois, ma joie éclate-t-elle?
La vie est encore cruelle.

# Le Poulpe.

Jetant son encre vers les cieux,
Suçant le sang de ce qu'il aime
Et le trouvant délicieux,
Ce monstre inhumain, c'est moi-même.

# La Méduse.

Méduses, malheureuses têtes
Aux chevelures violettes
Vous vous plaisez dans les tempêtes,
Et je m'y plais comme vous faites.

# L'Écrevisse.

Incertitude, ô mes délices
Vous et moi nous nous en allons
Comme s'en vont les écrevisses,
A reculons, à reculons.

# La Carpe.

Dans vos viviers, dans vos étangs,
Carpes, que vous vivez longtemps !
Est-ce que la mort vous oublie,
Poissons de la mélancolie.

ORPHÉE.

LA femelle de l'alcyon,
L'Amour, les volantes Sirènes,
Savent de mortelles chansons
Dangereuses et inhumaines.
N'oyez pas ces oiseaux maudits,
Mais les Anges du paradis.

# LES SIRÈNES.

Sachè-je d'où provient, Sirènes, votre ennui
Quand vous vous lamentez, au large, dans la nuit ?
Mer, je suis, comme toi, plein de voix machinées
Et mes vaisseaux chantants se nomment les années.

# La Colombe.

Colombe, l'amour et l'esprit
Qui engendrâtes Jésus-Christ,
Comme vous j'aime une Marie.
Qu'avec elle je me marie.

# Le Paon.

En faisant la roue, cet oiseau,
Dont le pennage traîne à terre,
Apparaît encore plus beau,
Mais se découvre le derrière.

# Le Hibou

Mon pauvre cœur est un hibou
Qu'on cloue, qu'on décloue, qu'on recloue.
De sang, d'ardeur, il est à bout.
Tous ceux qui m'aiment, je les loue.

# IBIS.

Oui, j'irai dans l'ombre terreuse.
O mort certaine, ainsi soit-il !
Latin mortel, parole affreuse,
Ibis, oiseau des bords du Nil.

J

# Le Boeuf.

Ce chérubin dit la louange
Du paradis, où, près des anges,
Nous revivrons, mes chers amis
Quand le bon Dieu l'aura permis.

## NOTES.

**Admirez le pouvoir insigne
Et la noblesse de la ligne.**

*Il loue la ligne qui a formé les images, magnifiques ornements de ce divertissement poétique.*

**Elle est la voix que la lumière fit entendre
Et dont parle Hermès Trismégiste en son Pimandre.**

*« Bientôt, lit-on dans le Pimandre, descendirent des ténèbres... et il en sortit un cri inarticulé qui semblait la voix de la lumière. »*

*Cette voix de la lumière, n'est-ce pas le dessin, c'est-à-dire la ligne ? Et quand la lumière s'exprime pleinement tout se colore. La peinture est proprement un langage lumineux.*

## Du Thrace magique.

*Orphée était natif de la Thrace. Ce sublime poète jouait d'une lyre que Mercure lui avait donnée. Elle était composée d'une carapace de tortue, de cuir collé à l'entour, de deux branches, d'un chevalet et de cordes faites avec des boyaux de brebis. Mercure donna également de ces lyres à Apollon et à Amphion. Quand Orphée jouait en chantant, les animaux sauvages eux-mêmes venaient écouter son cantique. Orphée inventa toutes les sciences, tous les arts. Fondé dans la magie, il connut l'avenir et prédit chrétiennement l'avènement du SAUVEUR.*

Mes durs rêves formels sauront te chevaucher,
Mon destin au char d'or sera ton beau cocher.

*Le premier qui monta Pégase fut Bellérophon quand il alla attaquer la Chimère. Il existe aujourd'hui bien des chimères, et avant de combattre l'une d'elles, la plus ennemie de la poésie, il convient de brider Pégase et même de l'atteler. On sait bien ce que je veux dire.*

La hase pleine qui conçoit.

*Chez la femelle du lièvre la superfétation est possible.*

Avec ses quatre dromadaires,
Don Pédro d'Alfaroubeira
Courut le monde et l'admira.

*La célèbre relation de voyage intitulée :* Historia del Infante D. Pedro de Portugal, en la que se refiere lo que le sucedio en el viaje que hizo cuando anduvo las siete partes del mundo, compuesto por Gomez de Santistevan, uno de los doce que llevo en su compania el infante, *rapporte que l'Infant du Portugal, don Pedro d'Alfaroubeira, se mit en route avec douze compagnons pour visiter les sept parties du monde. Ces voyageurs étaient montés sur quatre dromadaires, et après avoir passé en Espagne, ils allèrent en Norvège et, de là, à Babylone et en Terre-Sainte. Le prince portugais visita encore les états du prêtre Jean et revint dans son pays au bout de trois ans et quatre mois.*

Et le palais de Rosemonde.

*Voici, touchant ce palais, témoignage de l'amour que le roi d'Angleterre éprouvait pour sa maîtresse, ce couplet d'une complainte dont je ne connais point l'Auteur :*

*Pour mettre Rosemonde à l'abri de la haine*
*Que lui portait la reine,*
*Le roi fit construire un palais*
*Tel qu'on n'en vit jamais.*

Les mouches ganiques qui sont

Les divinités de la neige.

*Toutes n'apparaissent pas sous la forme de flocons, mais beaucoup ont été apprivoisées par les sorciers finnois ou lapons et elles leur obéissent. Les magiciens se les transmettent de père en fils et les gardent enfermées dans une boîte où elles se tiennent invisibles, prêtes à s'envoler en essaim pour tourmenter les voleurs, tout en chantant les paroles magiques, ainsi qu'elles-mêmes immortelles.*


Voici la fine sauterelle,

La nourriture de saint Jean.

*« Et erat Joannes vestitus pilis cameli, et zona pellicea, circa lumbos ejus, et locustas, et mel silvestre edebat. »* S. Marc. I, 6.


LA femelle de l'alcyon,

L'Amour, les volantes Sirènes

Savent de mortelles chansons

Dangereuses et inhumaines.

*Les navigateurs, entendant chanter la femelle de l'alcyon, s'apprêtaient à mourir, sauf toutefois vers la mi-décembre, où ces oiseaux font leurs nids, et l'on pensait qu'alors la mer était calme. Quant à l'Amour et quant aux Sirènes, ces oiseaux merveilleux chantent si harmonieusement que la vie même de celui qui les écoute n'est pas un prix trop élevé pour payer une telle musique.*


Ce chérubin.

*On distingue parmi les hiérarchies célestes, vouées au service et à la gloire de la divinité, des êtres aux formes inconnues et de la plus surprenante beauté. Les chérubins sont des bœufs ailés, mais aucunement monstrueux.*

# Quand le bon Dieu l'aura permis.

*Ceux qui s'exercent à la poésie ne recherchent et n'aiment rien autre que la perfection qui est Dieu lui-même. Et cette divine bonté, cette suprême perfection abandonneraient ceux dont la vie n'a eu pour but que de les découvrir et de les glorifier ? Cela paraît impossible, et, à mon sens, les poètes ont le droit d'espérer après leur mort le bonheur perdurable que procure l'entière connaissance de Dieu, c'est-à-dire de la sublime beauté.*

LE BESTIAIRE
ou CORTÈGE
D'ORPHÉE
a été réimprimé le 25 décembre
1918 sur les presses de Frazier-
Soye pour les Éditions de la Sirène.

Il a été tiré de cet ouvrage 50
exemplaires sur vieux Japon
numérotés de 1 à 50 et 1200 exemplaires sur papier bouffant numérotés de 51 à 1250.

N° 52

Prix : 10 Fr.

(majoration comprise)